Angelika Tzschoppe
suchen, was den Frieden schafft

ANGELIKA TZSCHOPPE 1945 in
Oberfranken geboren, lebt in Hollfeld in der
Fränkischen Schweiz. Sie ist verheiratet, hat
zwei Söhne und drei Enkelkinder. Das
Thema Frieden ist seit ihrer Tätigkeit als
Grundschullehrerin von großer Bedeutung.

Angelika Tzschoppe
suchen, was den Frieden schafft

Bibliografische Information der Deutschen
Nationalbibliothek
Die Deutsche Nationalbibliothek verzeichnet
diese Publikation in der Deutschen
Nationalbiografie,
detaillierte bibliografische Daten sind im
Internet über http://dnbdnb.de abrufbar.

ISBN 9783754303023

Inhalt

Literatur und Bilder

Vorwort

Weihnachten 2020. Geahnt haben wir es schon vorher, das wird kein Fest wie bisher. Ein kleines Virus hat uns weltweit in unsere Schranken verwiesen und uns unsere Ohnmacht gezeigt. Eine Umfrage in einer Wochenzeitschrift ergab folgendes. Auf die Frage: Was wünschen Sie sich heuer zu Weihnachten? stand an erster Stelle Gesundheit. Danach folgten Impfstoff gegen Corona, Zeit für Familie zum Spielen und Zusammensein, gutes Essen, festliche Kirche. Geschenke wurden kaum erwähnt, auch nicht Frieden, der sonst immer genannt wurde.

Ich denke etwas wehmütig zurück an ein Weihnachtsfest in meiner Kindheit. Unter meinen Geschenken war ein Bleistiftspitzer in Form einer Weltkugel. Ich hielt die ganze Welt in meiner Kinderhand.

Ich war glücklich. Überall war Weihnachten und Frieden auf der ganzen Welt. Davon war ich fest überzeugt.

Ein Fernsehgottesdienst zu Beginn des Jahres 2021. Die Chormitglieder stehen verteilt im Kirchenraum. Abwechselnd singen junge Mädchen das Lied: „Sonne der Gerechtigkeit". Mich berühren nicht nur die schönen Stimmen sondern auch der Inhalt der sechsten Strophe:

> „ Lass uns deine Herrlichkeit /
> sehen auch in dieser Zeit /
> und mit unsrer kleinen Kraft /
> **suchen, was den Frieden**
> **schafft**. / erbarm dich, Herr."

Ich werde nachdenklich und überlege, was den Frieden schafft. Das Ergebnis steht hier in meinem kleinen Buch.

Auf der Erde leben zur Zeit 7,8 Milliarden Menschen in 194 Ländern. Sieben Milliarden, das ist eine 7 mit 9 Nullen 7.000.000.000. Wenn ich für jeden Menschen auf der Erde einen Strich pro Sekunde machen wollte, wäre ich damit über 247 Jahre beschäftigt. Unglaublich! Aber die Zahl 194 kann sich schon jeder Drittklässler vorstellen. Mit Strichen, Rechenplättchen oder Gegenständen ist die Zahl 194 leicht darzustellen. Es gibt ganz unterschiedlich große Länder. Aber jedes Land hat eine Hauptstadt und eine Regierung mit einem Präsidenten, Kanzler oder König, Frau oder Mann.

Ein Globus rückt so manche Vorstellung wieder zurecht. Wo ist Deutschland? Was, so klein? Zu den Erdteilen gibt es viele Bücher, Puzzles und Spiele, die auch für Erwachsene sehr lehrreich sind. In meiner Handtasche befinden sich drei zusammengefaltete Zettel. Darauf habe ich alle 194 Länder mit ihren Hauptstädten aufgeschrieben.

Wenn ich irgendwo warten muss, ist das eine schöne Beschäftigung die Zeit auszufüllen.

In der Zeitschrift Geo wird auf der letzten Seite immer ein Erdenbürger vorgestellt, einer von 7,8 Milliarden Menschen. Jeder ist wichtig und kann die Welt ein bisschen verändern.

Zwischen den vielen Ländern gibt es oft Auseinandersetzungen. Da ist die UNO (United Nations Organisation) gefragt. Die Aufgaben sind:

- Sicherung des Weltfriedens
- Einhaltung des Völkerrechts
- Schutz der Menschenrechte
- und die Förderung der internationalen Zusammenarbeit.

Regelmäßig treffen sich die Mitglieder in New York, um über Probleme in der Welt zu sprechen und deren Lösungen zu suchen. Leider klappt das nicht immer. Zur UNO gehören Sonderorganisationen wie z. B: UNICEF (Kinderhilfswerk der Vereinten Nationen), UNESCO (Erziehung, Wissenschaft und Kultur), WHO (Weltgesundheitsorganisation) ...

Herr Böse und Herr Streit

In einem Lesebuch der 2. Klasse steht die Geschichte „Herr Böse und Herr Streit" von Heinrich Hannover.

Es war einmal ein großer Apfelbaum. Der stand genau auf der Grenze zwischen zwei Gärten. Und der eine Garten gehörte Herrn Böse, und der andere gehörte Herrn Streit. Als im Oktober die Äpfel reif wurden, holte Herr Böse mitten in der Nacht seine Leiter aus dem Keller und stieg heimlich und leise-leise auf den Baum und pflückte alle Äpfel ab. Als Herr Streit am nächsten Tag ernten wollte, war kein einziger Apfel mehr auf dem Baum. „Warte!" sagte Herr Streit, „dir werd´ ich´s heimzahlen." Und im nächsten Jahr pflückte Herr Streit die Äpfel schon im September ab, obwohl sie noch gar nicht reif waren.

„Warte!" sagte Herr Böse, „dir werd´ ich´s heimzahlen." Und im nächsten Jahr pflückte Herr Böse die Äpfel schon im August, obwohl sie noch ganz grün und hart waren.

„Warte!" sagte Herr Streit, „dir werd´ ich´s heimzahlen." Und im nächsten Jahr pflückte Herr Streit die Äpfel schon im Juli, obwohl sie noch ganz grün und hart und sooo klein waren.

"Warte!" sagte Herr Böse, „dir werd´ ich´s heimzahlen. Und im nächsten Jahr pflückte Herr Böse die Äpfel schon im Juni, obwohl sie noch klein wie Rosinen waren.

„Warte!" sagte Herr Streit, „dir werd´ ich´s heimzahlen." Und im nächsten Jahr schlug Herr Streit alle Blüten ab, so dass der Baum überhaupt keine Früchte mehr trug.

„Warte!" sagte Herr Böse, „dir werd´ ich´s heimzahlen." Und im nächsten Jahr im April schlug Herr Böse den Baum mit einer Axt um. „So", sagte Herr Böse, „jetzt hat Herr Streit seine Strafe." Von da ab trafen sie sich häufiger im Laden beim Äpfelkaufen.

Ich lese die Geschichte mit meiner Klasse mit verteilten Rollen. Die Schüler haben Spaß daran, die Stimmen zu verstellen. Jeder will einmal Herr Böse oder Herr Streit sein. Anschließend sprechen wir über die Geschichte. Zuerst erinnern sich die

Schüler an Situationen, wo sie selbst einmal ein „Herr Böse" oder ein „Herr Streit" waren. Aber dann kommen ihre Lösungsvorschläge:

Uli: „Die hätten sich doch die Äpfel auch teilen können."

Petra: „In einem Jahr bekommt Herr Böse die Äpfel und im nächsten Jahr Herr Streit."

Sven: „Sie hätten ein Fest mit den Nachbarn feiern können mit ganz viel Apfelkuchen."

Es geht weiter mit „Äpfel verschenken, Saft machen, Apfelmus kochen, Äpfel im Keller lagern, einen Stand aufmachen und die Äpfel verkaufen, eine Zeitungsanzeige machen: Äpfel zu verschenken". ...

Kriegsweihnacht 1914

24.Dezember 1914. An der Front harren Millionen Soldaten in den verschlammten Schützengräben aus. Auf einer Seite Deutsche, auf der anderen Seite Engländer. Zwischen ihnen liegen schneebedeckte Leichen der Gefallenen. Die Nacht ist mondhell und kalt. Plötzlich beginnt ein deutscher Soldat zu singen: „Stille Nacht, heilige Nacht", zaghaft zuerst dann immer lauter. Dann fallen seine Kameraden ein und einer ruft zur anderen Seite: „Wir schießen nicht!" Auf der anderen Seite gehen Pappschilder in die Höhe: „Merry Christmas!" Die Deutschen antworten: „Frohe Weihnacht!" Der erste Engländer steht auf, dann der zweite. Die Deutschen machen es nach. Sie sind jetzt keine Feinde mehr. Alle sind junge Männer, die in den Krieg geschickt wurden und die sich nach Hause sehnen zu ihren Familien, die ihnen Briefe und Geschenke an die Front geschickt haben. Nach fünf Monaten Krieg mit Hunderttausenden von Toten auf beiden Seiten schweigen plötzlich die Waffen.

Die Stimmung ist in Feldpostbriefen fest-
gehalten:

„Um 9 Uhr abends werden die Bäume
angesteckt, und aus mehr als 200 Kehlen
klingen die alten deutschen Weihnachts-
lieder. Dann setzen wir die brennenden
Bäume ganz langsam und sehr vorsichtig auf
die Grabenböschung"

„Stell dir vor, während du zu Hause
deinen Truthahn gegessen hast, plauderte ich
da draußen mit den Männern, die ich ein paar
Stunden vorher noch zu töten versucht hatte"

„Auf beiden Seiten herrschte eine
Stimmung, dass endlich Schluss sein möge.
Wir litten doch alle gleichermaßen unter
Läusen, Schlamm, Kälte, Ratten und
Todesangst"

Der Weihnachtsfrieden dauert drei Tage.
Die „Feinde" versuchen sich zu ver-
ständigen, tauschen Geschenke aus und
spielen Fußball miteinander. Und beerdigen
gemeinsam ihre Toten. Sie feiern sogar einen
Trauergottesdienst und wünschen sich
„Frieden auf Erden." Als die Ober-
befehlshaber von dem Geschehen erfahren,

wittern sie Verrat und verordnen hohe Strafen. Das große Schlachten geht weiter, zuerst schießen die Soldaten über die Köpfe hinweg … In den nachfolgenden Kriegsjahren gibt es keine solchen gemeinsamen Weihnachtsfeiern mehr. Befehl von oben: Jeder der mit dem Feind „Stille Nacht singt", ist sofort zu erschießen.

NSDAP Vorweihnachten 1942

In der Weihnachtskiste meiner Mutter finde ich als Kind einzelne Blätter eines alten Adventskalenders. Da gibt es Ausmalbilder, Lieder, Sprüche und Bastelvorschläge. Auf einem Blatt sind zwei Soldaten. Sie stehen vor einem kleinen Christbaum, darunter ist ein großes schwarzes Loch. Warum schauen die beiden Männer so traurig? Es ist doch Weihnachten! Die Frage kommt meiner Mutter ungelegen. Aber ich lasse nicht locker. „Die Männer sind Soldaten, sie denken an Weihnachten an ihre Kameraden, die im Krieg gefallen sind", sagt meine Mutter. „Aber das ist nichts für dich, dafür bist du noch zu klein. Nimm lieber die Bilder zum Ausmalen". Das Blatt verschwand aus der Kiste, vergessen konnte ich es nicht. Es passte so gar nicht zu meinen anderen so fröhlichen Weihnachtsbildern. Meine heile Weihnachtswelt bekam einen Riss. Jahrzehnte später entdecke ich in einem Antiquariat den vollständigen Kalender. Er heißt „Vorweihnachten" und stammt aus dem Jahr 1942.

Und da tauchen sie auch wieder auf, meine traurigen Soldaten. Der Kalender wird ganz wichtig für meine Adventskalendersammlung. Er enthält Kriegsbilder, Lieder und Geschichten. Der Krieg ist immer präsent und der Sieg wird vorausgesetzt. Kinder werden aufgefordert der Mutter zu helfen und an die Soldaten zu denken. Trotz des Krieges sollen die Kinder eine schöne Vorweihnachtszeit haben. Auffallend ist das Fehlen christlicher Symbole, stattdessen werden nationalsozialistische Sinnbilder verwendet. Nach dem Krieg wurde dieser Nazi-Kalender verboten.

Lukas 2

Weihnachten in meiner Kindheit. Vor der Bescherung: Am großen Christbaum brennen echte Kerzen und darunter steht die beleuchtete Krippe. Meine Mutter spielt am Klavier, wir vier Kinder singen, mein Vater liest das Weihnachtsevangelium vor. Mit klopfendem Herzen warte ich auf den Satz: „Friede auf Erden und den Menschen ein Wohlgefallen". Ich genieße den Moment, möchte ihn festhalten. Jetzt ist für mich Frieden überall auf der ganzen Welt. Diese alte Sehnsucht nach Frieden! Jedem sind diese Worte ans Herz gewachsen. Doch was bedeuten sie eigentlich? Ich schlage bei neueren Bibelübersetzungen nach.

Lutherbibel 2017: „ … und auf Erden ist Friede bei den Menschen seiner Gnade".

In der „Guten Nachricht" von 1985 steht: „… sein Friede gilt allen auf der Erde, die sich von ihm lieben lassen".

Zürcher Übersetzung: „ … Frieden unter den Menschen, an denen Er Wohlgefallen hat".

Am besten gefällt mir die Übersetzung von Jörg Zink: „… und auf Erde Friede den Menschen, die Gott lieb hat und die Gott lieb haben".

Diese Wechselbeziehung zwischen Gott und den Menschen beeindruckt mich!

Eberhard Schockenhoff sagt in seinem Buch „Frieden auf Erden?": „Wirklich verstanden haben wir das Kommen Gottes zu uns Menschen erst dann, wenn wir uns von der Liebe Gottes dazu provozieren lassen, zu Menschen des Friedens zu werden"

Georg Kestel, Generalvikar im Erzbistum Bamberg: „Wenn wir für den Frieden beten, schiebt das Gebet nicht die eigene Verantwortung auf den Himmel ab, sondern bittet um Einsicht und Kraft auf dem guten Weg".

Verantwortung der Religionen

Das Bemühen um Frieden muss das Anliegen aller Religionen sein. Die Ausübung von Gewalt im Namen Gottes, kann durch nichts gerechtfertigt werden! In einem Gespräch (Zeitschrift chrismon spezial 2016) des islamischen Professors Mouhanad Khorchide mit dem evangelischen Bischof Heinrich Bedford-Strohm sagt letzterer: „Es gab mancherlei Zeiten in der Geschichte, in denen das Christentum Triebkraft der Gewalt war. Heute ist das eher ein Problem des Islams". Korchchide kontert: „So allgemein kann ich das nicht gelten lassen. Wäre Gewalt ein grundsätzliches Problem des Islams, hieße das, dass die meisten Terroristen aus Indonesien, dem größten islamischen Land der Welt, kommen müssten. Tun sie aber nicht". Tatsächlich findet sich in allen großen fünf Weltreligionen Frieden als zentrales Element. Manche Suren (Verse) im Koran und manche Textstellen im Alten Testament, die sich mit Gewalt befassen, müssten neu interpretiert werden.

Christentum: In der Bergpredigt weist Jesus auf ein friedliches Zusammenleben hin und ruft alle Menschen auf, etwas dafür zu tun. Seine Lehre lautet: Du sollst Gott lieben und deinen Nächsten wie dich selbst.

Buddhismus: Er fordert ein friedliches Leben ohne Gewalt. So soll kein Lebewesen mit Absicht verletzt oder gar getötet werden.

Judentum: Mit „Schalom", dem hebräischen Wort für Frieden, begrüßen sich die Juden.

Islamismus: Auch der Name Islam bedeutet Frieden oder Hingabe in der arabischen Sprache. Der Gruß „Salam alaikum" drückt den Wunsch aus: Friede sei mit dir.

Hinduismus: Trotz verschiedener Glaubensausrichtungen kommt dem friedlichen und gewaltlosen Miteinander von Mensch und Tier eine große Bedeutung zu.

Für alle 5 Religionen gilt die goldene Regel: „Was du nicht willst das man dir tu, das füg´ auch keinem andern zu".

Naturreligionen: Kleine Volksstämme in Afrika und andere indigene Völker haben ihre eigenen Götter.

Atheisten: Auch die Menschen, die nicht an Gott glauben, halten Frieden für sehr wichtig.

Würden sich alle Menschen an das „Friedensgebot" halten, wäre das ein wichtiger Beitrag zum Weltfrieden. Leider gibt es weltweit immer noch Kriege und Terroranschläge aus religiösen und politischen Gründen.

In Berlin entsteht etwas Einmaliges. Christen, Juden und Muslime bauen gemeinsam ein Haus. Es wird aus drei seperaten Gebetsräumen bestehen (Kirche, Synagoge und Moschee), die mit einem Gemeinschaftsraum für Begegnungen verbunden werden. Es heißt HOUSE OF ONE. Es wird ein Haus des Kennenlernens und des Austausches von Menschen verschiedener

Religionen, aber auch für Menschen, die den Religionen fern stehen.

Die Reaktionen in Form von Berichten und Spenden aus über 50 Ländern haben gezeigt, wie groß das Bedürfnis von Menschen in aller Welt ist, angesichts von Terror, Gewalt und Ressentiments, dieses Haus für den Frieden zu bauen. Wer will, kann symbolisch einen Baustein spenden. Die Grundsteinlegung ist für das Jahr 2021 geplant.

Warum treten so viele Menschen aus der evangelischen und der katholischen Kirche aus? Nicht weil sie Kirchensteuer sparen wollen, sondern weil sie sich mit ihrer Lebenswirklichkeit nicht mehr in der Kirche wiederfinden. Das ergaben Umfragen. Beide Kirchen müssen sich die Frage stellen, was sie den Menschen für ein gelingendes Leben geben können. Dazu gehört auch der Mut, manches Überkommene über Bord zu werfen und zu erneuern, sowie Jesus das auch getan hat. Auch Zweifler müssen in ihrer Kirche gehört und ernst genommen werden. Gerade in der jetzigen Zeit der Pandemie hat die

Kirche eine große Chance und Verant-wortung Menschen wieder Halt zu geben.

Die Stiftung „Weltethos" überspannt Menschen aller Religionen und Gesinn-ungen. Der im April 2021 verstorbene katholische Theologe Hans Küng ist der Begründer dieser Stiftung (1993).
Sie enthält folgende Verpflichtungen:
- Gewaltlosigkeit und Ehrfurcht vor allem Leben
- Solidarität und gerechte Wirtschafts-ordnung
- Toleranz und ein Leben in Wahr-haftigkeit
- Gleichberechtigung und die Partner-schaft von Mann und Frau
- Nachhaltigkeit und Sorge für die Erde (2018)

Weil Küng die Unfehlbarkeit des Papstes anzweifelte, wurde ihm 1979 die Lehrerlaubnis an seinem kirchlichen Lehrstuhl in Tübingen entzogen. Trotzdem blieb er seiner Kirche treu, war aber weiterhin ein kritischer Theologe und setzte sich für interkulturelle und interreligiöse Forschung und Begegnungen ein. In seiner Trauerfeier wurde er als ein zuversichtlicher, lebensbejahender Theologe und Botschafter der Völkerverständigung gewürdigt.

Das Wunder von Afrika

In meinen Unterlagen befindet sich ein Zeitungsartikel vom August 2016. Es geht um den furchtbaren Bürgerkrieg 1994 im afrikanischen Staat Ruanda. Die Hutu (Bevölkerungsmehrheit) greifen die Tutsi (Bevölkerungsminderheit) an. Männer, Frauen und Kinder werden auf grausamste Weise umgebracht. Ein Völkermord – die Welt schaut zu, die UN reagiert nicht! Nach hundert Tagen ist fast eine Million Menschen tot, 3,8 Millionen sind auf der Flucht. Jeder in Ruanda ist betroffen, als Opfer oder Täter.

In Kigali, der Hauptstadt Ruandas steht heute eine Gedenkstätte mit schonungslosen Fotos und Überresten. Wie kann ein Volk nach diesem unfassbaren Massaker wieder friedlich zusammen leben? Die überlebenden Opfer Seite an Seite mit den Tätern? Wie kann aus einem armen Land mit dieser Vergangenheit ein aufstrebender, sauberer und sicherer Staat werden?

„Wir haben keine andere Wahl als zusammenzustehen", so Bischof John Rucyahana, der Präsident der nationalen

Kommission für Einheit und Versöhnung. Eine Einrichtung, die die staatlich verordnete Versöhnung und die Aufarbeitung des Völkermords organisiert. Der Bischof sieht den ruandischen Staatspräsidenten Paul Kagame als den Friedensstifter von Ruanda. Dessen strikte Parole: Es gibt keine Hutu und Tutsi mehr, nur noch Ruander.

„Ruanda ist ein afrikanischer Musterstaat geworden, lobte der Entwicklungsminister Gerd Müller bei einem Staatsbesuch 2016. Kagame hat strengste Umweltgesetze eingeführt. Einmal im Monat gibt es einen staatlich verordneten Umwelttag mit dem Motto: Unser Land soll schöner werden. Alle putzen, pflanzen und werkeln. Das spart Entwicklungsgelder und bringt Menschen zusammen. Anschließend wird zusammen gegessen, getrunken und geredet.

Das Narrenschiff

Wer nach Nürnberg kommt, sollte sich unbedingt den „Narrenschiffbrunnen" des Künstlers Jürgen Weber zwischen Museumsbrücke und Marktplatz anschauen. Die Skulptur zeigt ein Schiff als „Metapher für die vom Untergang bedrohte Welt". Die dargestellten Figuren flößen dem Betrachter Angst ein. Sie sind eine Allegorie der Gewalt und stellen Szenen aus einer Moralsatire des Humanisten Sebastian Brant aus dem Jahr 1497 dar.

Um den Brunnen laufen zwei Spruchbänder, die mühsam zu entziffern sind. Sie beziehen sich auf die Gegenwart und sind ein Appell gegen Umweltzerstörung, Krieg und Gewalt. Ein Spruch lautet: „Ein Narr ist, wer viel Gutes hört und doch nicht seine Weisheit mehrt. Wer allzeit wünscht Erfahrung viel und sich davon nicht bessern will".

Der Spruch lässt mich nicht mehr los. Sind wir Narren? Wir liefern Waffen in Krisengebiete und erschrecken, wenn sie dann zum Einsatz kommen.

Wir produzieren zu viele Nahrungs-mittel und wundern uns, dass vieles davon weggeworfen wird.

Wir tolerieren Gewalt und Verbrechen in den Medien und sind fassungslos, wenn sie wirklich stattfinden.

Wir kaufen Kleidung und Gegenstände zu Spottpreisen, obwohl sie unter erbärmlichen Bedingungen hergestellt werden. Wir kaufen immer größere Autos und bedenken nicht, dass sie Parkplätze wegnehmen und mehr Sprit verbrauchen. Übrigens, der Welter-schöpfungstag war im Jahr 2021 bereits am 5. Mai. Mit unserer Lebensweise in Deutschland bräuchten wir bereits 3 Planeten!

Wir kennen die Ursachen von Krieg und Gewalt, Unfreiheit, Ungerechtigkeit, Überbevölkerung, Ressourcenknappheit und wirtschaftlicher Ausbeutung. Die Folgen sind Hunger, Krankheiten und Flucht. Was muss geändert werden?

Die Bevölkerungsexplosion ist in vielen Fällen die Ursache für Hunger, Armut, Not, Neid und Zerstörung. Bis zum Jahr

2050 könnte die Zahl der Menschen auf knapp 10 Milliarden steigen. Die Nahrung wird nicht für alle reichen. Das heißt, immer mehr Menschen werden sich auf die Flucht machen. Die Industriestaaten können nicht alle Flüchtlinge aufnehmen.

Wenn Menschen vor Ort Hilfe bekommen, müssen sie nicht flüchten. Entwicklungsminister Gerd Müller, der viel Zeit in Afrika verbracht hat, betont wie wichtig es ist, Flüchtlingslager vor Ort zu errichten, damit die Menschen ihre Heimat nicht verlassen müssen.

Im Fernsehen wird Frau Jacqueline Flory (44 J.) vorgestellt. Sie hat 2016 zusammen mit anderen Helfern im Libanon eine Zeltschule für syrische Kinder gegründet und zusätzliche Unterkünfte für Eltern und Kinder errichten lassen. Inzwischen gibt es 30 solche Zeltlager. Eine beeindruckende Aktion!

Wir wissen, dass die Nahrungsmittel für alle Menschen der Welt reichen könnten und grundsätzlich niemand hungern müsste. Aber auf einem Teil der Erde herrscht Überfluss, auf dem anderen Teil herrscht pure Not. Das liegt zum einen an dem ungebremsten Wachstum der Industrienationen und ist zum anderen eine Folge von Kriegen, Korruption und Klimakatastrophen in manchen Ländern. Wohlhabende Länder sollten einen fairen Handel mit armen Ländern betreiben, damit sich dort Industrie und Landwirtschaft entwickeln können.

Wissenschaftler warnen uns schon lange vor den Folgen des Klimawandels. Aber die Ergebnisse der vielen Klimagipfel waren bisher unbefriedigend. Politiker sind verantwortlich für die notwendigen Entscheidungen. Auch jeder Einzelne kann durch sein privates Verhalten einen Beitrag leisten (ökologischer Fußabdruck).

Im August 2018 startet Greta Thunberg (* 03.01.2003) vor dem schwedischen Parlament einen „Schulstreik für das Klima". Sie bleibt an Freitagen dem Schulunterricht fern, um für die Rettung des Klimas zu demonstrieren. Gretas Einsatz für eine konsequente Klimapolitik findet weltweite Beachtung. Die von ihr initiierten Schulstreiks sind inzwischen zur globalen „Fridays for Future"-Bewegung geworden.

Nur wer lesen, schreiben und rechnen lernt, kann einen Beruf ergreifen, mit dem er selbst seinen Lebensunterhalt bestreiten kann. In vielen Ländern können Kinder, hauptsächlich Mädchen, nicht zur Schule gehen.

Die Hilfsorganisation PLAN wirbt mit Bleistiften mit der Aufschrift „Die Waffe der Frau" für Patenschaften in diesen Ländern. Mädchen können Schulen besuchen, bekommen Selbstvertrauen und erfahren Wertschätzung. Starke Frauen sind wichtig für Frieden und Gerechtigkeit.

In Afghanistan geht die WELT-HUNGERHILFE einen neuen Weg um Wissen über Gesundheit und Ernährung zu vermitteln. Mit Unterstützung islamischer Geistlicher werden in den Moscheen wichtige Informationen weitergegeben. Ärzte gibt es nicht viele, aber Imame gibt es in jedem Dorf. Und was Imame sagen, wird von der Bevölkerung angenommen. Auch andere muslimische Länder wollen jetzt diesen Weg gehen.

Ihr Thema: Bildung

BERICHT 2020

welt
hunger
hilfe

Auf - undAbrüstung

In einem Zeitungsartikel von Heribert Prantl in der SZ vom 24.12.2020 lese ich beunruhigende Sätze: „2019 wurden weltweit 1917 Milliarden Dollar für Rüstung ausgegeben. Wenn man sich diese Summe als gestapelte Dollarscheine vorstellt, ist der Ausgabenturm für Panzer, Bomben, Drohnen und Schnellfeuergewehren fast 20.000 km hoch! ... Jedes Jahr wird ein Turm gebaut, immer etwas höher. Sicherheitsarchitektur nennt man das … Die Aufrüstung hat in Zwänge geführt, die nicht so leicht zu lösen sind. Es kommt schnell zu Kriegen, wenn es keine Bereitschaft für langwierige Lösungswege ohne Waffen und zähe Verhandlungen gibt. ... Willi Brandt hat den Deutschen seinerzeit mit seiner neuen Ostpolitik beigebracht, dass die Sicherheit des Gegners Teil der eigenen Sicherheit ist. Er hat den Deutschen die Sprache der Versöhnung vermittelt".

Im Europamagazin des ZDF vom 07.02.2021 wird ein serbischer Künstler vorgestellt. Als Vierjähriger musste er mit seiner Familie fliehen, als die Jugoslawienkriege tobten. Jetzt versucht er sein Kriegstrauma aufzuarbeiten. Auf Militärschrottplätzen in Serbien sammelt er röhrenförmige Waffen, die einst gebaut wurden, um Menschen zu töten. Er verwandelt sie in Klanginstrumente. Alte Helme und Kalaschnikows bekommen so ein neues Leben. Aus einem Panzer will er ein Percussion-Objekt machen.

Bei unserem ersten Dänemarkurlaub in den 70er Jahren ärgerte ich mich über die hässlichen Betonbunker an den schönen Stränden. Im 2. Weltkrieg sollten sie den Bombenangriffen der Alliierten trotzen. Inzwischen werden Bunkertouren für Touristen angeboten. Viele Bunker sind zu besichtigen und erzählen Geschichte. Alte Kanonen, Radarstationen und Einrichtungen sind zu sehen. Betroffene Gesichter der deutschen Touristen. Ein Riss in der heilen Urlaubswelt, aber ein notwendiger. Die Bunker müssen bleiben als Mahnmal!

Wachstum

Alle Parkplätze belegt, die Kaufhäuser überfüllt, überall Weihnachtsmusik, Menschengedränge, volle Einkaufstüten, riesige Weihnachtskugeln und Sterne und glitzernde Weihnachtsbäume im grellen Kunstlicht. Städte werben: Wir haben den größten Weihnachtsbaum, die längste Lichterkette, die meisten Glühweinangebote, den schönsten Weihnachtsmarkt … Reisebüros locken zum Weihnachtsshopping nach New York zum Schnäppchenpreis … Das war vor Corona!

Schon lange warnt uns Deutschlands bekanntester Wachstumskritiker Niko Paech vor zu viel Konsum und Mobilität (SZ 24.12.20). Jedem Menschen stehe ein 7,8 Milliardstel der weltweiten Ressourcen zu, sagt er. Damit könne jeder machen, was er wolle, mehr dürfe niemand verbrauchen. Statt andauernd Neues zu kaufen, rät er, Altes zu reparieren. Nur das könne verhindern, dass die ökonomische Entwicklung auf einen Abgrund zurase. Um sich macht er sich keine Sorgen, aber um die

Jüngeren. Paech lebt authentisch ohne Handy und Fernseher mit geerbten Möbeln und teilt sich mit Nachbarn Maschinen und Geräte. Zu seinen Vorträgen „Alternatives Wirtschaften und Nachhaltigkeit" reist er mit der Bahn. Mit seiner Lebensweise will er ein Zeichen setzen. Jeder muss nicht so leben wie er. Aber Paech wartet darauf, dass nach und nach genug Menschen verstehen, dass sie ihren Lebensstil reduzieren müssen. Sonst kommt eine Krise.

„Das Leben vom Überfluss zu entrümpeln, bedeutet sich auf die wesentlichen Dinge zu konzentrieren. Genau das ist das Geheimnis einer höheren Lebensqualität: Ist freie Zeit nicht oft kostbarer als noch mehr Einkommen?" (Brigitte women 5/21)

Und nun zwingt uns das Coronavirus unser Konsumverhalten zu ändern. Von allen Seiten hagelt es jetzt in den Medien Vorschläge, nachhaltiger zu leben, weniger zu verbrauchen, gesünder zu essen, weniger Auto zu fahren und sich mehr zu bewegen. Haben wir begriffen?

Nachhaltigkeit

Etwa 37 kg Plastikverpackung produzieren deutsche Verbraucher pro Kopf und Jahr (Studie von 2017). Jedes Jahr zu Weihnachten ist der der Abfallberg besonders hoch. Auch der Papiermüll steigert sich jährlich. Könnte die Pandemie uns helfen, davon wegzukommen immer mehr zu wollen, zu kaufen und zu schenken? Statt Geschenkpapier wird empfohlen, alte Stoffe, Poster, Tücher u.ä. zu verwenden. Und wenn Geschenkpapier, dann nicht einfach ratzfatz zerreißen, eventuell aufheben und bügeln oder daraus schöne Bilder ausschneiden. Ich habe einmal gelesen, wie sich ein Designer von Geschenkpapier beklagt hat, dass das Papier von Kindern so schnell zerissen und zerknüllt wird: „Wir entwerfen doch so schöne Motive!".

Viele sagen: „Wir schenken uns nichts, wir haben schon alles!" Warum dann nicht die Menschen beschenken, die nicht schon alles haben? Z. B. eine Patenschaft für ein Kind in einem Land der Dritten Welt übernehmen. Zu Weihnachten eine Ziege (72 €), ein Lama (154 €) oder ein Schaf (62 €) verschenken? Warum nicht? In Bolivien sind diese Tiere eine wichtige Lebensgrundlage. Unser Sohn überraschte uns im letzten Jahr mit einer „Baumurkunde". Zwei Bäume hat er für uns in Nicaragua pflanzen lassen, ein „Prima-Klima-Geschenk". Viele Hilfsorganisationen haben nachhaltige Geschenkideen und bitten um Spenden. Auch „Sternstunden" unterstützt viele Projekte in Deutschland und weltweit. Erfreulicherweise steigt von Jahr zu Jahr die Spendenbereitschaft.

51

Wichtig sind auch Zeitgeschenke. Zeit für Spaziergänge, für Ausflüge, zum Vorlesen, zum Spielen. Gutscheine für gemeinsame Unternehmungen, Kino, Theater, Konzerte … Und freut sich nicht jeder, der einen handgeschriebenen Weihnachtsgruß bekommt? So haben Schulkinder Weihnachtsbriefe geschrieben und Bilder gemalt, die in Seniorenheimen verteilt wurden.

Konsum muss man nicht notwendigerweise mit Materiellem verbinden. Manchmal sind es kleine Aufmerksamkeiten, die beim andern das Herz höher schlagen lassen. Werte sind viel wichtiger als Gegenstände. Gerade die Corona-Krise hat uns gezeigt, dass der Kontakt mit unseren Mitmenschen viel wertvoller ist.

Frieden und Friedenserziehung

In vielen Ländern finden Kriege und bewaffnete Auseinandersetzungen statt. Weltweit stehen viele Waffen zum Einsatz bereit. Auf einem Flyer der Kriegsgräber - fürsorge sind alle aktuellen Kriege und bewaffnete Auseinandersetzungen auf einer Weltkarte dargestellt. Darauf ist zu sehen: Europa ist ein Kontinent des Friedens. Das war nicht immer so.

Als ich 1945 geboren wurde, war der 2. Weltkrieg gerade zu Ende. Ich gehöre zur Nachkriegsgeneration und kenne den Krieg nur von Erzählungen meiner Eltern und meiner Geschwister. Ich kann mich aber noch gut erinnnern, wie wir manchmal am Sonntag zur nahe gelegenen Zonengrenze fuhren und traurig in das andere Deutschland schauten.

Und dann gab es noch das Unterrichtsfach „Geschichte", wo sich oft ein Krieg an den anderen reihte. „Krieg ist Scheiße!", sagte der ehemalige Bundes-tagsabgeordnete und Autor Jürgen Todenhöfer in einer Talkshow im Fernsehen.

Er kam gerade aus dem zerbombten Syrien, dem Land, in dem der IS grausam Menschen anderer Religionen getötet und Kunstdenkmäler zerstört hat. Große Betroffenheit in der Talkshow. Kriege sind nicht mehr zeitgemäß, sie lösen kein einziges Problem. Alle Teilnehmer der Talkshow sind sich darüber einig.

Der schwedische Chemiker Alfred Nobel (1833-1896) erfand im Jahr 1867 das Dynamit mit dem er ein Vermögen machte. Das Dynamit diente dem Bergbau und leider auch der Weiterentwicklung der Waffentechnik. So machte ihn paradoxerweise seine Erfindung zum Wohltäter und zum Vernichter von Leben. Das war ihm schmerzlich bewusst und machte ihn zum Stifter des „Friedensnobelpreises".

Alfred Nobel lernte die leidenschaftliche Pazifistin Bertha von Suttner (1843-1914) kennen. Diese schrieb im Jahr 1889 den Roman „Die Waffen nieder!", der in 16 Sprachen übersetzt wurde. Suttner lässt ihre Romanfigur Martha vier Kriege erleben und stellt der sogenannten Liebe zum Vaterland das Grauen und den Schmerz gegenüber, den jeder Krieg mit sich bringt. Alfred Nobel und Bertha von Suttner standen in regem Briefaustausch. Er unterstützte ihre Friedensbemühungen mit erheblichen Geldzuwendungen und widmete ihr 1905 den 1. Friedensnobelpreis.

Bertha von Suttner

Die Waffen nieder!

Eine Lebensgeschichte

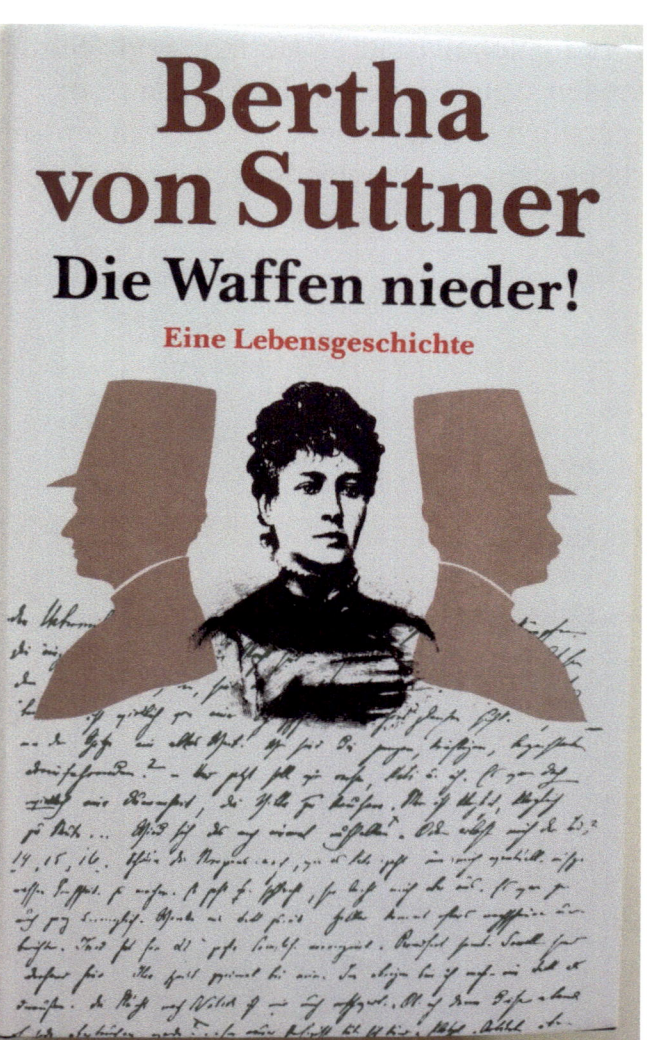

Kann man Kinder zum Frieden erziehen? Verena Sommerfeld (Leiterin der Werkstatt Friedenserziehung) sagt dazu: „Frieden herzustellen und zu erhalten ist sicher vorrangig Aufgabe politischen Handelns. Möglichkeiten der Erziehung liegen für mich darin, Menschen Mut zu machen, Widerwort zu geben und sich nicht um des lieben Friedenswillen anzupassen. Diese Zivilcourage wird notwendig sein, um zu einer Gesellschaft zu kommen, die Krieg als Mittel der Politik aufgibt. … Ich habe die Vorstellung von einem Menschen, der seine Einzigartigkeit und die Einmaligkeit jedes Lebewesens spürt. Jemand mit unbändiger Lust auf Leben. Jemand, der Angst und Zorn zulassen kann und keine Feinde braucht, um sich selbst stark zu fühlen. Diese Achtung vor dem Leben ist wichtiger als alles Wissen der Welt." (Aus der Zeitschrift „spielen und lernen" 7/91)

Friedenszitate

„Die Gewalt ist unpraktisch, weil sie einer abwärts führenden Spirale gleicht und in allgemeiner Zerstörung endet. Sie ist unmoralisch, weil sie auf die Demütigung des Gegners aus ist, statt sich um sein Verständnis zu bemühen, weil sie sich von Hass statt von Liebe nährt. Sie zerstört die Gemeinschaft und macht Brüderlichkeit unmöglich. Sie lässt die Gesellschaft in einem Monolog, statt sie zu einem Dialog zu führen" (Martin Luther King).

„Ich lehne Gewalt ab, weil das Gute, das sie zu bewirken scheint, nicht lange anhält; dagegen ist das Schlechte, das sie bewirkt, von Dauer" (Mahatma Gandhi).

„Die Menscheit muss dem Krieg ein Ende setzen, oder der Krieg setzt der Menschheit ein Ende" (John F. Kennedy).

„Frei zu sein bedeutet nicht nur, seine eigenen Fesseln zu lösen, sondern ein Leben zu führen, das auch die Freiheit anderer respektiert und fördert" (Nelson Mandela).

„Die Liebe und das Mitgefühl sind die Grundlagen für den Weltfrieden – auf allen Ebenen" (Dalai Lama).

„Wer aber vor der Vergangenheit die Augen verschließt, wird blind für die Gegenwart" (Richard von Weizsäcker).

„Wenn wir wahren Frieden in der Welt erlangen wollen, müssen wir bei den Kindern anfangen." (Mahadma Gandi)

„Wir können den Frieden nicht gewinnen, wenn wir uns nicht des Elends der Dritten Welt annehmen" (Siegfried Lenz).

„Wenn man seinen Feind nicht schlagen kann, muss man sich ihn zum Freund machen" (NN).

„Wir sind an einem Punkt unserer Geschichte angelangt, an dem sich die Menschheit als Einheit verstehen muss, nicht als eine Ansammlung vieler voneinander getrennter Länder mit ihren je eigenen Traditionen, Kulturen und Vorurteilen" (Adolfo Nicolas).

Aktuelle Kriege weltweit

Europa: Kontinent des Friedens

Was Völker verbindet

Die Montagsdemonstrationen sind Teil der friedlichen Revolution in der DDR. Unter den Menschen, die am 9. Oktober 1983 durch die Innenstadt von Leipzig ziehen, haben viele Kerzen in der Hand. Manche kommen aus Kirchen, die zu Friedensgebeten eingeladen haben. Schützend halten die Menschen ihre Hände vor die kleinen Flammen. „Mit allem haben wir gerechnet, aber nicht mit Kerzen und Gebeten", sagte damals ein Kommandant. „Wer eine Kerze hält, kann keine Fäuste ballen!". So lautet ein bekanntes Sprichwort. Kerzen sind ein Symbol für Frieden und Gewaltlosigkeit. Sie brennen nichts nieder, aber leuchten im Dunklen. Kerzen verbinden Menschen und Völker miteinander.

Unter Felsvorsprüngen und in Höhlen fanden in Europa Archäologen steinerne Talglampen aus der jüngeren Altsteinzeit. Heute verwenden fast alle Religionen Dochtlichter, Öllampen und Kerzen. Kein Gottesdienst ohne Kerzen. In christlichen Kirchen wird in der Nacht zum Ostersonntag die Osterkerze entzündet. Zur Taufe bekommen Säuglinge eine Taufkerze. Auch zu Geburtstagsfesten, Feiern und Jubiläen gehören Kerzen. Das Friedenslicht wird vor Weihnachten von Jerusalem nach Europa gebracht. Ganz wichtig sind die Kerzen zur Adventszeit und an Weihnachten. Eigentlich begleiten uns Kerzen das ganze Leben lang. Am 18. April 2021 brennen bundesweit Kerzen zur Erinnerung an die Corona-Toten.

Und überhaupt die Musik! „Musik allein ist die Weltsprache und braucht nicht übersetzt zu werden." (Bertold Auerbach) „Wo die Sprache aufhört, fängt die Musik an." (E. T. A. Hofmann) Musik verbindet Menschen, Musik verbindet Völker. Wenn wir froh sind, vermag sie unsere Freude noch zu steigern, sind wir traurig, gibt sie uns Trost und Zuversicht. Manchmal auch beides: Das Singen und Musizieren zu Beginn der Corona-Krise gab Trost und Mut. Wie auch die digitalen Chöre und Konzerte in den Medien. Wenn der „Chor zur Welt" in Hamburg probt, singen deutsche und arabische Sänger zusammen in verschiedenen Sprachen. „Musik ist Gebet ohne Worte", ist ein Zitat von Giora Feidman. Er ist ein Botschafter der Versöhnung. Christen und Juden hören gemeinsam seiner Klarinette zu. Auch andere große Musiker setzen auf diese Weise Zeichen des Friedens.

Auch der Tanz ist völkerverbindend und bedarf keiner Sprache. Rhythmische Körperbewegung, meist von Musik begleitet gehört zu den ältesten menschlichen Lebensäußerungen.

Atemholen zwischen Weihnachten und Silvester

Nach Weihnachten 2020 gab es wieder eine Umfrage. Wie haben Sie Weihnachten gefeiert? Viele konnten sich erstaunlich gut einrichten auf ein bescheideneres Fest. Klar, es fehlten Kontakte und es gab viel Einsamkeit. Aber hatten sich die meisten nicht schon lange ein stilleres Fest gewünscht, ohne viele Betriebsfeiern, Weihnachtsmärkte, Pflicht- besuche, Vereinsfeiern … . Weihnachten wurde trotzdem ein besonderes Fest, eben weil nicht mehr alles selbstverständlich war.

Die Stimmen: „Im nächsten Jahr holen wir alles nach, noch größer, noch schöner" sind leiser geworden. Die Corona-Pandemie hat auch, bei all dem Leid, das sie hervorgerufen hat, gezeigt, wie schnell der Mensch in der Lage ist umzudenken.

Es geht auch anders. Können wir zukünftig etwas daraus lernen? Natürlich ist Weihnachten die Zeit wo sich die ganze Familie trifft. Die Magie von Weihnachten entsteht aus der Gewissheit, dass alle zur gleichen Zeit das Gleiche machen. Aber müssen wir uns alle am 24. Dezember treffen? Die Weihnachtszeit geht länger.

Die Dezembernächte sind die dunkelsten des Jahres. Die sogenannten Rauhnächte (21.12. - 06.01.) galten früher als unheimlich und gefährlich. Unsere Ahnen versuchten die bösen Geister mit Ritualen milde zu stimmen und zu vertreiben. Aber wir glauben nicht mehr an böse Geister. Wir können dieser besonderen Zeit nach Weihnachten einen anderen Sinn geben.

Viele Menschen nehmen sich in dieser Zeit frei. Es sollte eine Zeit sein zum Atemholen, zum Erinnern, zum Nachdenken zum Planen von sinnvollen Vorhaben: Wie wollen wir in Zukunft leben? Kerzen, Lieder und Musik können uns virtuell mit allen Ländern weltweit verbinden. Und Silvester geht auch ohne Krach und Raketen!

Als Kind hörte ich noch beim Jahreswechsel Glockengeläut und Posaunenklänge von den vier Emporen der Kirche. Das hatte „Gänsehautcharakter".

Schluss

Der Generalsekretär der UN, Antonio Guterres, sagt: „Wir dürfen einfach nie aufgeben!". Für ihn ist die junge Generation die „Generation Hoffnung", weil sie begriffen hat, dass wir gemeinsam auf einem einzigen Planeten leben und jetzt handeln müssen.

Von einer Freundin bekomme ich ein „Teelicht mit Überraschungseffekt" geschenkt. Ich zünde es an und bin gespannt was passiert. Ich muss vier Stunden warten, dann taucht auf dem Boden des Teelichts die Botschaft „Make a wish!" auf. Ich darf mir etwas wünschen. Was für eine schöne Idee! Ich wünsche mir, dass Weihnachten weltweit auch zu einem Fest des Friedens wird. Weltweites Abrüsten wäre ein guter Anfang!

Friedenslied

Wenn auch vieles auf der Erde
Menschen von einander trennt,
kein Land gibt`s auf dieser Erde,
das   kein Wort für Frieden kennt.

Peace in England, **paix** in Frankreich,
haobin in Vietnam, **paz** ist spanisch,
pax lateinisch und
arabisch heißt`s **salam**.

Italienisch heißt es **pace** und auf
russisch heißt es **mir**,
irini heißt es auf griechisch,
finnisch **rauha**, merk es dir.

Türkisch **baris**, polnisch **pokay**
und **He Ping** chinesisch ist,
fred - norwegisch, dänisch,
schwedisch, dass du es ja nicht
vergisst.

Und in Ungarn ist es **béke**,
heiwa man in Japan sagt.
Und **shalom** – das ist hebräisch,
falls man dich mal danach fragt.

Niederländisch heißt es **vrede**,
shide heißt es im Tibet,
Pyonghwa ist koreanisch,
ein Iraner **solh** versteht.

Die Buddhisten sagen **shanti**,
die Mongolen **inch taiwan**,
jeder Mensch in seiner Sprache
dieses Wörtchen sprechen kann.

Frieden, paix und **peace** und **pace**,
**He Ping, heiwa, paz, mir, fred,
salam, shanti, béke, baris** –
das soll sein unser Gebet!

Schluss mit Kriegen und Raketen,
Bomben, Waffen braucht`s nicht
mehr. Tolerieren und vergeben,
nur so kommt der Frieden her.

Vereinfachte Melodie:
Freude schöner Götterfunken

Angelika Tzschoppe

Verwendete Literatur

- Evangelisches Gesangbuch Nr. 262
- Lesespaß 2, Westermann Verlag 1982
- Artikel „Weihnachten 1994" im Nordbayerischen Kurier Dez. 2004
- Zeit für Werte, Oberfränk. Werteinitiative 2017 www.zeit-für-werte.de
- NSDAP Kalender Vorweihnachten 1942
- Eberhard Schockenhoff: Frieden auf Erden? Herder Verlag 2020
- HOUSE OF ONE Info Mai 2020, www.house-of-one.org
- NK 30. August 2016, Artikel „Das bessere Afrika" von Andrea Kümpfbeck
- Sebastian Brant: Das Narrenschiff, RECLAMS UNIVERSAL-BIBLIOTHEK Nr. 18333 Hsg. Joachim Knape
- Gerd Müller: „Umdenken Überlebensfragen der Menschheit", Verlag Murmann 2020

- WELTHUNGERHILFE Info, Bericht 2020
- PLAN INTERNATIONAL Info 2020
- Süddeutsche Zeitung 24.12.2020
- Zeitschrift „spielen und lernen" 7/1991
- Bertha von Suttner: „Die Waffen nieder!", Verlag der Nation 2015
- Zeitschrift „chrismon" 11/2019
- Zeitschrift „chrismon spezial" 2016
- „Gemeinsam für den Frieden", Herausgeber: Ravensburg Buchverlag ISBN 978-3-473-55147-7
- Flyer Kriegsgräberfürsorge: Aktuelle Kriege weltweit – Europa. Kontinent des Friedens (Quelle: Arbeitsgemeinschaft Kriegsursachenforschung Hamburg Stand: 28.03.2017)

Bilder

- Titelbild Kirchenfenster der evangelischen Kirche in Naila, Foto von Willi Schmeißer
- Weltkugel in der Hand (S. 7)
- Zahlenbündel (S. 10)
- Weltkarte Teilansicht (S. 12)
- Kinderzeichnung (S. 14)
- Eiserner Weihnachtsgruß, NK 2004 (S. 18)
- NSDAP Kalender 1942 (S. 22)
- Weihnachtskarte, Gemälde von Ludwig Richter (S. 25)
- Symbole der 5 Weltreligionen, Wikipedia (S. 28)
- Nürnberger Narrenschiffbrunnen, Narrenschiffbrunnen Nuremberg 01.jpg Wikimedia Commans (S. 37)
- Schulkinder aus Bericht der Welthungerhilfe (S. 42)
- Bunker in Dänemark bunkermusumhansthol.dk (S. 45)
- Skulptur Ringköping, Survival of the Fattest (S. 48)

Danke

Mein herzlicher Dank geht an meinen Mann Wolfgang, der nicht nur die Arbeit am PC übernahm, sondern sich auch auf die Suche nach Frieden machte.